Il Gigante Egoista

di Oscar Wilde

con note esplicative e
testo originale a fronte

Edizione integrale

Titolo originale: *The Selfish Giant*
Tratto dalla collana: *The Happy Price and Other Tales*
Introduzione e traduzione a cura di: Marco Catalano
Prima edizione: Ottobre 2019
Seconda edizione: Maggio 2020
Stampato da: Amazon Fulfillment

ISBN: 9781700230034

© 2019 – 2020 - Tutti i diritti sono riservati.
Questo scritto non può essere copiato né riprodotto con alcun mezzo e in nessuna delle sue parti senza la preventiva autorizzazione da parte del traduttore.

Il Gigante Egoista

di Oscar Wilde

con note esplicative e
testo originale a fronte

Edizione integrale

Testo tradotto da Marco Catalano

Indice

Oscar Wilde .... pag. 1
Introduzione all'opera .... pag. 15
Nota del traduttore ….................. pag. 17
Il Gigante Egoista …..…............... pag. 19
Cronologia. Vita e Opere .... pag. 41

Oscar Wilde

Scrittore, poeta, drammaturgo e intellettuale irlandese, Oscar Fingal O'Flahertie Wills Wilde nasce a Dublino il 16 ottobre 1854.
Proveniente da una famiglia dell'alta borghesia irlandese, vissuto in piena età vittoriana in un contesto di sviluppo industriale e dai tanti cambiamenti sociali, Wilde ebbe una vita breve ma intensa, riuscendo a diventare uno degli scrittori più apprezzati della letteratura mondiale.
Uno degli elementi che, nel bene e nel male, certamente determinarono il suo essere, la sua opera e, per molti aspetti, anche la sua intera vita fu il suo crescere in un contesto familiare che, come andremo di seguito a vedere, fu indubbiamente fuori dal comune.
Non possiamo quindi che iniziare questa breve introduzione biografica partendo dal contesto familiare in cui egli nacque e si formò.

Un ruolo certamente determinante l'ebbe Sir William Wilde (1815-1876), padre di Oscar, che fu un illustre medico di fama internazionale. Sir William ebbe certamente una carriera brillante: scrisse svariati trattati di medicina e fu editore di una rivista medica, fondò a Dublino l'ospedale *St. Mark* per le malattie oftalmiche e otorinolaringoiatriche, e la sua grandissima fama come medico ed uomo di scienza lo portò ad avere pazienti eccellenti come la regina Vittoria (1837-1901) - di cui arrivò ad essere l'oculista ufficiale - e re Oscar I di Svezia. Nel 1864 arrivò anche ad essere nominato cavaliere. Sir William fu inoltre un grande viaggiatore e appassionato di cultura, cosa che con ogni probabilità influenzò l'opera di suo figlio. La sua enorme fama fu, però, offuscata da problemi di natura giudiziaria. Egli infatti, nel 1865, subì una condanna per stupro ai danni di una giovane donna, la diciannovenne Mary Travers. Sebbene all'interno della famiglia si sia cercato di sminuire l'avvenimento sostenendo che la giovane donna fosse pazza e stesse dichiarando il falso, non è difficile ipotizzare che l'allora giovanissimo scrittore, che all'epoca aveva soltanto nove anni, abbia potuto risentire dell'intera vicenda, iniziando a sviluppare, anche per episodi traumatici come questo (che, come vedremo a breve, non fu l'unico), sin da piccolo quella particolare sensibilità che lo contraddistinguerà in tutta la sua opera.

Altra figura estremamente importante per lo scrittore fu Lady Jane Francesca Eglee (1821-1896), la madre, che fu una poetessa e scrittrice irlandese. Persona forte, decisa e dagli ideali ben definiti, fu una fervente nazionalista. Per anni, infatti, scrisse a favore dell'indipendenza irlandese sotto lo pseudonimo italiano di "Speranza". Il nome, in lingua italiana, fu scelto per la sua passione per la cultura classica, in particolar modo greca e latina. Passione che fu trasmessa al figlio Oscar, così come il suo amore per la scrittura, come è evidente dalla scelta degli studi accademici e dai continui riferimenti in molte delle opere dello scrittore irlandese.

Sir Williams e Lady Jane ebbero tre figli, di cui Oscar era il secondogenito. Il primogenito, fratello maggiore di Oscar, fu William Robert Kingsbury Wills Wilde (detto Willie Wilde, 1852-1899); la terzogenita, sua sorella minore, fu Isola Francesca Emily Wilde (1857-1867). Isola morì giovanissima, alla tenera età di nove anni, prima che lo scrittore compisse tredici anni.

William e Isola, in realtà, non furono gli unici fratelli che ebbe lo scrittore in quanto il padre, Sir William, prima di sposare Lady Jane (nel 1851), ebbe altri tre figli da una precedente relazione. Questi tre figli, suoi fratellastri, furono Henry Wilson, Emily e Mary.

Henry Wilson (1838-1877) divenne un medico, come suo padre, ma morì molto giovane all'età di soli 39 anni (quando lo scrittore aveva 23 anni); anche le altre due sorelle (in realtà *half sisters*, sorellastre) non furono molto fortunate in quanto Emily Wilde (1847-1871) e Mary Wilde (1849-1871) morirono anche loro giovanissime, rispettivamente a 24 e 22 anni, insieme durante un tragico incendio avvenuto all'interno di una

parrocchia. Alla loro morte, nel 1871, un appena diciassettenne Oscar Wilde aveva già perso tre sorelle in tragiche circostanze.
Guardando la vicenda nel suo insieme è evidente quanto lo scrittore sia cresciuto in un ambiente familiare particolarmente doloroso e complesso. Premesso questo, se è vero che non possiamo avere un dato oggettivo di quanto questi avvenimenti abbiano concretamente inciso sullo sviluppo umano del nostro autore, è altresì facile immaginare quanto queste situazioni possano essere segnanti, in particolar modo per una persona estremamente sensibile come egli ha indiscutibilmente dimostrato di essere.

Per quanto riguarda l'istruzione possiamo dire che Wilde fu senza dubbio una persona molto colta. Educato in casa dalla madre fino all'età di nove anni, egli frequentò, come il fratello maggiore William, prima la Royal School di Enniskillen e, poi, il Trinity College di Dublino. Qui si distinse per la sua passione per gli studi lirici greci che, nel 1874, grazie ad una borsa di studio, lo portarono a completare i suoi studi accademici al *Magdalen College* di Oxford.
Questa sua passione per gli studi classici emerge spesso nelle sue opere con continue citazioni e frequenti riferimenti alla mitologia o alla cultura classica.
A 21 anni il giovane Wilde decise di dare una

svolta "pratica" ai suoi studi classici, andando a visitare i luoghi da lui tanto amati. Visitò quindi più volte sia l'Italia che la Grecia.

Nonostante il suo carattere particolarmente eccentrico e alcune controversie in ambito universitario, nel 1878 riuscì a completare con profitto i suoi studi ad Oxford. Completati gli studi decide quindi di trasferirsi a Londra, alla ricerca della fama e del successo.

Qui, avviata la sua carriera come scrittore, collaborò alla messa in scena di opere teatrali, scrisse poesie e iniziò a scrivere per il *Pall Mall Gazette*, un allora neonato giornale, che ha avuto collaboratori illustri del calibro di Sir Conan Doyle, e che esiste ancora oggi anche se con il nome di *Evening Standard*, ad oggi uno dei più famosi quotidiani di londinesi.

Nel 1880 scrive l'opera teatrale *Vera o i Nichilisti (Vera or the Nihilists),* un dramma in quattro atti che giunse sul palco per la prima volta nel 1883 al teatro Union Square di New York. La sua rappresentazione negli Stati Uniti sottolinea un fenomeno sempre più diffuso nel Regno Unito: la corsa verso il giovane mercato americano, aperto all'arte e alla cultura, divenuto in quel momento sempre più terra di conquista per i giovani artisti e sceneggiatori.

L'anno successivo, nel 1881, la molto criticata raccolta di poesie *Poemi*, accusata di plagio.

Sempre nello stesso accadde qualcosa di inatteso che avrebbe cambiato completamente la sua vita: accompagnando la madre presso degli amici di famiglia, i Lloyd, conobbe la giovane Constance, loro figlia minore. Questa, sin da subito, attirò la sua attenzione. Lo sorprese la sua cultura e si innamorò della sua abilità nel leggere i classici italiani in lingua originale. Questo incontro fu estremamente importante in quanto Constance, qualche anno dopo, diventerà sua moglie.

Nel dicembre del 1881 si recò per lavoro negli Stati Uniti e approfittò di questa circostanza per incontrare illustri pensatori e uomini di cultura locali.

Nel 1883 scrisse La duchessa di Padova (*The Duchess of Padua*), un'opera teatrale che Wilde amò tantissimo.

Nel 1884, diede una svolta alla sua vita sposando Constance Lloyd. Dalla loro unione il 5 giugno del 1885 nacque il loro primo figlio, Cyril (1885-1915) e, poco più di un anno dopo, il 3 novembre 1886, Wilde divenne padre per la seconda volta con la nascita del secondogenito, Vyvyan (1886-1967).

Per loro nel 1888 scrisse la raccolta di racconti *Il principe felice e altri racconti* (*The Happy Prince and Other Tales*) e nel 1889 scrisse *Il ritratto di Mr W.H.*, in cui uno dei protagonisti si chiama Cyril, come suo figlio.

Wilde non mancava di affetto nei confronti dei figli, ma non era certo un marito fedele ed in effetti fu proprio la nascita dei figli ad accelerare, indirettamente, la rottura tra i due coniugi. Constance, infatti, dopo la nascita dei bambini, fu sempre meno disposta a tollerare le "eccentricità" del marito, i cui incontri con altri uomini erano ormai noti.

Le tensioni familiari non esaurirono, tuttavia, la vena creativa dello scrittore. Nel 1889, infatti, sul *Lippincott's Monthly Magazine* esce la prima edizione de *Il ritratto di Dorian Gray* (*The Picture of Dorian Gray*), un romanzo gotico fantastico particolarmente interessante, oltre ad essere oggi la sua opera più famosa. Su questo romanzo è interessante notare come l'elemento centrale del racconto, il ritratto, sia un elemento di rilievo anche di in un'altra opera a lui legata: il romanzo *Melmoth l'Errante* (*Melmoth the Wanderer*), scritto nel 1820 da un suo prozio, Charles Robert Maturin, un romanzo che Wilde conosceva benissimo. In questo romanzo è presente un ritratto che ritrae un uomo in vita ben due secoli dopo la realizzazione del quadro che lo ritrae. Sebbene la trama del *Melmoth* sia differente rispetto all'opera di Wilde, questo elemento è centrale e stranamente simile al ritratto del "giovane" Dorian Gray, che invecchia al posto del corpo di chi vi è raffigurato. Ovviamente non vogliamo parlare di plagio (di cui, in effetti, fu accusato qualche anno prima con un'altra sua opera, i *Poems*) ma non è da escludere che quest'opera abbia esercitato una certa influenza nella ricerca per l'ispirazione per *Il Ritratto di Dorian Gray*.

Un altro momento chiave nella vita di Oscar Wilde lo abbiamo nel 1891 quando, a Parigi, incontra Lord Alfred Douglas (1868-1920), detto Bosie, col quale ebbe una relazione. Il soprannome Bosie, talvolta frainteso, deriva dalla storpiatura del nomignolo *Boysie* ("*little boy*", "ragazzino"), con cui lo chiamava la madre perché terzo e ultimogenito. Questo soprannome fu mantenuto anche da adulto per via dei suoi lineamenti giovanili e delicati.

L'incontro con Lord Douglas non fu l'unico avvenimento importante di quell'anno: sempre nel 1891, infatti, vi fu la pubblicazione della raccolta di racconti *Il crimine di lord Arthur Saville e altri racconti* (*Lord Arthur Savile's Crime and Other Stories*). Tra gli "altri racconti" vi era anche *Il fantasma di Canterville* (*The Canterville Ghost*), un racconto che riscontrò allora e che riscontra ancora oggi un enorme successo.

Nel proseguimento di una vita sempre più sregolata, per godere di una maggiore libertà nel 1891 Wilde scelse di abbandonare la casa dove viveva con la moglie ed i figli e di andare a vivere in un albergo.

L'anno successivo, nel 1892, viene pubblicata a Londra una delle sue più importanti opere teatrali: *Il ventaglio di Lady Windermere* (*Lady Windermere's Fan*), una commedia in quattro atti, inscenata per la prima volta al teatro *St Jame's* di Londra.

A Parigi, nel 1893, viene pubblicata *Salomé* (scritta in francese nel 1891 e tradotta in inglese soltanto nel 1894), un dramma teatrale in un unico atto, la cui rappresentazione fu vietata sul suolo britannico in quanto intrisa di impeti sessuali e cruda violenza. L'opera fu messa in scena per la prima volta tre anni dopo la sua stesura, nel 1896, nel *Théâtre de l'Œuvre* di Parigi e potè essere rappresentata liberamente nel Regno Unito soltanto nel 1931, più di trent'anni dopo la morte del suo autore.

Il 1895 fu certamente un anno particolare. Innanzitutto fu molto produttivo, visto che in quest'anno videro la luce *Un marito ideale* (*An Ideal Husband*) e *The Importance of Being Earnest*. Quest'ultima opera, per via del gioco di parole e del suo messaggio, viene ancora oggi proposta in italiano sotto diversi titoli come *L'importanza di chiamarsi Ernesto*, *L'importanza di essere onesto*, o *L'importanza di essere franco*. Il 1895, come dicevamo, fu certamente un anno particolare perché fu sì molto produttivo, ma per lo scrittore fu anche estremamente complesso.

Il manifestare apertamente la sua sessualità, al tempo considerata illegale, comportò allo scrittore non pochi problemi. Il compiere atti omosessuali, infatti, contravveniva al *Criminal Law Amendment Act* del 1885, in quanto atto "contrario moralità vittoriana". Il suo modo eccentrico e spesso intenzionalmente ostentatorio di agire gli costò dunque una condanna a ben due anni di carcere.
È doveroso, tuttavia, porsi una domanda: chi denunciò il sì eccentrico, ma indubbiamente brillante, Oscar Wilde? Ebbene fu il Marchese di Queensberry John Sholto Douglas, di cui il suo amico (ed amante) Lord Alfred Douglas era il terzogenito. La motivazione della denuncia fu un alterco tra il Marchese e Wilde per via del rapporto che vi era tra Wilde ed il figlio. È ben chiaro che il gentiluomo scozzese denunciò Oscar Wilde nel tentativo di fare terminare la relazione tra questo e suoi figlio. È interessante altresì sottolineare come tutto partì da una denuncia da parte di Wilde per calunnia nei confronti del Marchese, denuncia che gli si ritorse contro con una contro-denuncia e l'accusa di "immoralità". In seguito a questa accusa, suffragata da abbondanti "prove" dei suoi rapporti omosessuali, Wilde fu considerato colpevole e condannato a due anni di carcere per per *gross indecency with male persons*", per "oltraggio al pudore" per azioni indecenti con persone di sesso maschile.

Incarcerato in un primo momento nella prigione di Holloway, fu trasferito prima alla prigione di Pentonville e, infine, dopo un incidente che gli costò due mesi di ospedale, fu trasferito al penitenziario di Reading Gaol. Qui scrisse la sua famosa *Ballata del carcere di Reading* (*The Ballad of Reading Gaol*), una lirica sofferente e visionaria, che viene ancora oggi riconosciuto come uno dei suoi scritti più importanti.

Il carcere per Wilde fu pertanto un'esperienza estremamente dura e debilitante, sebbene – suo malgrado – fu fonte anche di grande ispirazione letteraria. A questo periodo, oltre alla Ballata di cui abbiamo appena accennato, risale anche il *De profundis*, una lunga lettera che Wilde scrisse al suo amico-amante Alfred Douglas (scritta nel 1897 ma da lui pubblicata soltanto nel 1905, cinque anni dopo la morte dello scrittore).

La condanna e la conseguente incarcerazione furono un duro colpo anche per il suo ormai complesso matrimonio, al punto che quasi ne causarono la definitiva rottura. Dalle lettere che ci sono arrivate è tuttavia evidente come il sentimento tra i due fosse ancora vivo. Wilde, pressato, arrivò anche a concedere a Constance il divorzio a patto che lei si trasferisse negli Stati Uniti. Constance, però, non accettò queste condizioni, scegliendo di rimanere e sperando in un ritorno da parte di suo marito. L'unica cosa che

Constance decise concretamente di fare fu di modificare il suo cognome e quello dei figli, abbandonando il cognome Wilde per il cognome Holland e, successivamente, di trasferirsi in Svizzera per tutelare i bambini, che all'incarcerazione avevano 8 e 10 anni.

Nel 1897, trascorsi i due anni, Wilde finì di scontare la pena e tornò dunque in libertà. Tuttavia dopo questa pesante condanna, non era più ben visto nella società intellettuale in cui si era precedentemente abituato a vivere. In condizione di forti ristrettezze economiche (non più sostentato dalla moglie se non in minima parte) Wilde tentò un riavvicinamento, ma alle "sue" condizioni, cioè non rinunciando a promiscuità e vita mondana. Condizioni che Constance ovviamente non accettò.

Grazie ai pochi amici rimasti e con gli ormai pochi soldi di cui disponeva, decise di tornare in Italia. Qui con Lord Alfred Douglas, Bosie, visiterà Napoli, Capri e Taormina. Soprattutto quest'ultima lo lasciò così estasiato, che in una lettera proprio al suo amato Bosie scrisse che avrebbe desiderato trasferirsi a vivere lì, con lui, per trascorrere gli ultimi anni della sua vita.

Nel febbraio del 1898 lasciò per l'ultima volta l'Italia per recarsi nuovamente a Parigi. Qui visse sotto il falso nome di Sebastian Melmoth (è chiaro il richiamo al protagonista di *Melmoth l'Errante*, opera a cui abbiamo accennato precedentemente, e a cui egli evidentemente era particolarmente legato).

Un anno più tardi, il 7 aprile del 1898, per una complicazione postoperatoria muore Constance, a Genova. Dopo la morte della moglie, a cui era comunque legato (nonostante le forti crisi, sembra non sia mai realmente cessato un forte sentimento per lo meno di affetto e i due, nonostante tutto, scelsero di non divorziare) e dalla quale aveva sempre continuato a ricevere – nonostante tutto – del denaro come sostentamento. Dopo questo avvenimento Wilde scelse di trasferirsi all'*Hotel d'Alsace*, di Parigi, dove egli risiederà fino alla sua morte.

Morte che arriverà poco più di due anni dopo, dopo una lunga sofferenza. Il 30 novembre del 1900, infatti, morirà di meningite, a soli 46 anni, Oscar Wilde, uno dei più grandi scrittori della letteratura inglese, morto da solo ed in povertà, nonostante la sua genialità e la sua vastissima produzione letteraria.

Sepolto in un primo momento nel cimitero parigino di Bagneux, dal 1909 il suo corpo venne trasferito nel cimitero *Père Lachaise*, sempre nella città di Parigi, dove ancora oggi riposano le sue spoglie mortali.

L'opera

Il Gigante Egoista (*The Selfish Giant*) è tratto dalla raccolta *Il Principe Felice e altri racconti* (*The Happy Prince and Other Tales*) composta da cinque brevi storie scritte dall'autore nel 1888 e dedicate al suo amico Carlos Blacker anche se realizzate avendo come target i suoi due figli Cyril e Vyvyan, all'epoca della pubblicazione del racconto rispettivamente di poco più di due (Vyvyan, nato il 3 novembre 1886) e poco più di tre anni (Cyril, nato il 5 giugno 1885).

In questo racconto vediamo una critica alla morale del tempo, con la trattazione di temi importanti come la solitudine e l'amore.

Qui sono presenti vari elementi degni di interesse intorno al quale si sviluppa la vicenda. Tra questi risaltano sicuramente il muro ed il pianto del bambino.

Il muro, che viene creato dal gigante stesso, è al contempo a protezione e carceriere del gigante. L'illusione del proteggersi, che però porta ad una auto costrizione, una auto incarcerazione.

Abbiamo poi il pianto, la manifestazione dei sentimenti: l'elemento che serve a fare scattare qualcosa, una scintilla, a rendere umano il gigante, a risvegliarlo dal suo torpore.

E' evidente la critica dell'autore al pensiero contemporaneo, la chiusura formale dell'uomo, l'altezzoso ed egoista gigante, che si chiude nel suo mondo preciso e perfetto, che però finisce con il costruire, con le proprie mani, la sua stressa rovina.

Di quest'opera è indubbiamente interessante anche la sua lettura in chiave spirituale, spesso una sorpresa per chi non conosce l'autore, ma che fa parte delle molteplici sfaccettature, della bellezza e della grandezza dell'opera letteraria di un autore certamente interessante e controverso, come è stato Oscar Wilde.

Un'opera semplice, dunque, ma che per la sua bellezza e per il suo valore morale, è adatta ad un pubblico di ogni età.

Nota del traduttore

In questa traduzione ci si è posto come obbiettivo quello di rendere una traduzione quanto più possibile fedele al testo di partenza. Si è scelto, infatti, di sacrificare parzialmente la resa armonica del testo per accostarsi maggiormente al testo originale, evitando variazioni che in sede di traduzione ne avrebbero arricchito la bellezza stilistica della resa in italiano, ma ne avrebbero diminuito la facilità di fruizione da parte del lettore che volesse utilizzare il testo a fronte per una lettura sinottica.

È giusto precisare tuttavia che, ove necessario per la comprensione del testo, questi elementi sono sì stati aggiunti ma sono stati evidenziati in corsivo, in modo da facilitarne l'individuazione, in modo da trovare un compromesso tra la facilità di lettura con il testo a fronte e il non fare perdere al lettore il senso e la bellezza del racconto.

Sempre per venire incontro alle esigenze del lettore si è scelto di impaginare il testo tradotto in italiano e quello in lingua originale sfruttando le pagine interne, in modo che il lettore possa avere un immediato colpo d'occhio tra traduzione e relativo testo originale, allineando quanto più possibile i paragrafi con i loro corrispondenti a fronte, in modo che la lettura comparata possa risultare più rapida ed agevole.

                                            Buona lettura.

Il Gigante Egoista

di Oscar Wilde

IL GIGANTE EGOISTA

Ogni sera, tornando da scuola, i bambini andavano a giocare nel giardino del Gigante.

Era un giardino grande e delizioso, con dell'erba sofficissima. In tutto il prato vi erano dei fiori belli come le stelle, e dodici alberi di pesche, che in primavera fiorivano in un delicato rosa e perla, ed in autunno davano dei deliziosi frutti.
Gli uccelli stavano seduti sugli alberi e cantavano in maniera così soave che i bambini smettevano di giocare per ascoltarli cantare.

«Come siamo felici qui! » si dicevano l'un l'altro.

Ma un giorno il Gigante tornò. Egli era andato a trovare un suo amico, un orco scozzese, ed era stato con lui per *ben* sette anni.
Dopo sette anni, *però,* aveva finito di dire tutto quello che aveva da dirgli e, siccome la sua conversazione aveva iniziato ad essere monotona,

THE SELFISH GIANT

Every afternoon, as they were coming from school, the children used to go and play in the Giant's garden.
It was a large, lovely garden, with soft green grass. Here and there over the grass stood beautiful flowers like stars, and there were twelve peachtrees that in the springtime broke out into delicate blossoms of pink and pearl, and in the autumn bore rich fruit.
The birds sat on the trees and sang so sweetly that the children used to stop their games in order to listen to them.
«How happy we are here!» they cried to each other.
One day the Giant came back. He had been to visit his friend the Cornish ogre, and had stayed with him for seven years.
After the seven years were over he had said all that he had to say, for his conversation was limited,

aveva deciso di ritornare al suo castello.
Quando arrivò vide i bambini giocare nel giardino.

«Cosa state facendo qui?» urlò con tono molto duro, ed i bambini scapparono via.
«Il mio giardino è il mio giardino,» disse il Gigante; «chiunque può capirlo, e non permetterò a nessuno di giocarci oltre me.»

E così costruì un alto muro intorno ad esso, e vi mise sopra un cartello.

GLI INTRUSI VERRANNO PUNITI

Era un gigante molto egoista.
E i poveri bambini, adesso, non avevano più un posto dove giocare.
Provarono a giocare per la strada, ma la strada era troppo polverosa e piena di pietre, e a loro non piaceva giocare lì. Ogni giorno, al termine delle lezioni, *i bambini* avevano l'abitudine di gironzolare intorno alle alte mura e discutere del bellissimo giardino *che vi era* al loro interno.
«Quanto eravamo felici lì,» si dicevano l'un l'altro.
Arrivò quindi la primavera, ed in tutto il paese c'erano fiori ed uccellini.
Soltanto nel giardino del Gigante Egoista era ancora inverno.

and he determined to return to his own castle. When he arrived he saw the children playing in the garden.

«What are you doing there? » he cried in a very gruff voice, and the children ran away.

«My own garden is my own garden, » said the Giant; «any one can understand that, and I will allow nobody to play in it but myself. »

So he built a high wall all around it, and put up a noticeboard.

TRESPASSERS WILL BE PROSECUTED

He was a very selfish Giant.
The poor children had now nowhere to play.

They tried to play on the road, but the road was very dusty and full of hard stones, and they did not like it. They used to wander round the high wall when their lessons were over, and talk about the beautiful garden inside.

«How happy we were there,» they said to each other.
Then the Spring came, and all over the country there were little blossoms and little birds.
Only in the garden of the Selfish Giant it was still winter.

Non essendoci bambini gli uccelli lì dentro non si preoccuparono di cantare, e gli alberi dimenticarono di fiorire.

Una volta un bellissimo fiore mise la sua testa fuori dall'erba ma, quando vide il cartello, fu così dispiaciuto per i bambini che si rinfilò subito nel terreno, e si rimise a dormire.

Le uniche persone felici di stare lì erano Neve e Gelo.

«Primavera si è dimenticata di questo giardino,» dissero, «e così noi vivremo qui per tutto l'anno.»
Così Neve coprì l'erba con il suo grande mantello bianco, e Gelo colorò d'argento tutti gli alberi. Allora invitarono *anche* Vento del Nord, che venne a stare con loro. *Vento* era ricoperto di pelliccia, ed ululava tutto il giorno intorno al giardino, buttando giù i comignoli.

«È un posto fantastico,» disse, «dovremmo chiedere anche a Grandine di farci visita.»

E così anche Grandine giunse *nel giardino*.

Ogni giorno *Grandine* colpiva il tetto del castello per ore, rompendo la maggior parte delle tegole e cadendo[1] tutto intorno al giardino più forte che poteva. Aveva un vestito grigio, ed il suo respiro era freddo come il ghiaccio.

---

1 Per una resa migliore in italiano si sceglie di modificare il modo del verbo utilizzando il gerundio (rompendo e cadendo).

The birds did not care to sing in it as there were no children, and the trees forgot to blossom.

Once a beautiful flower put its head out from the grass, but when it saw the noticeboard it was so sorry for the children that it slipped back into the ground again, and went off to sleep.
The only people who were pleased were the Snow and the Frost.

«Spring has forgotten this garden,» they cried, «so we will live here all the year round.»
The Snow covered up the grass with her great white cloak, and the Frost painted all the trees silver. Then they invited the North Wind to stay with them, and he came. He was wrapped in furs, and he roared all day about the garden, and blew the chimneypots down.

«This is a delightful spot,» he said, «we must ask the Hail on a visit.»
So the Hail came.
Every day for three hours he rattled on the roof of the castle till he broke most of the slates, and then he ran round and round the garden as fast as he could go. He was dressed in grey, and his breath was like ice.

«Non capisco come mai la primavera tardi tanto ad arrivare,» disse il Gigante Egoista, mentre stava seduto di fronte alla finestra guardando il suo giardino freddo e bianco.

«Spero che cambi presto il tempo.»
Ma la primavera non arrivò mai, e neanche l'estate. L'autunno diede frutti dorati ad ogni giardino, tranne che al giardino del Gigante, a cui non ne diede nessuno.

«É troppo egoista,» disse lui.
Quindi in quel giardino fu sempre inverno, e così Vento del Nord, Grandine, Gelo e Neve continuavano a danzare tutt'intorno, lì tra gli alberi.
Una mattina, mentre era disteso sul letto, il Gigante udì un suono incantevole.
Risuonò così soave nelle sue orecchie che egli pensò che fosse il re dei musicisti che passava da lì.

«Credo che finalmente sia arrivata la primavera,» disse il Gigante; e così saltò giù dal letto per guardare fuori.
In realtà era soltanto un piccolo fringuello che cantava fuori dalla sua finestra, ma era così tanto che non sentiva un uccellino cantare nel suo giardino, che quel suono gli parve la musica più bella del mondo.
Grandine, allora, smise di danzare sopra la sua testa, Vento del Nord smise di ululare e,

Il Gigante Egoista

«I cannot understand why the Spring is so late in coming,» said the Selfish Giant, as he sat at the window and looked out at his cold white garden.

«I hope there will be a change in the weather.»
But the Spring never came, nor the Summer.
The Autumn gave golden fruit to every garden, but to the Giant's garden she gave none.

«He is too selfish,» she said.
So it was always Winter there, and the North Wind, and the Hail, and the Frost, and the Snow danced about through the trees.
One morning the Giant was lying awake in bed when he heard some lovely music.
It sounded so sweet to his ears that he thought it must be the King's musicians passing by.

«I believe the Spring has come at last,» said the Giant; and he jumped out of bed and looked out.

It was really only a little linnet singing outside his window, but it was so long since he had heard a bird sing in his garden that it seemed to him to be the most beautiful music in the world.

Then the Hail stopped dancing over his head, and the North Wind ceased roaring, and

attraverso il battente della finestra, giunse verso di lui un profumo delizioso. Ma cosa vide? Egli ebbe la più fantastica delle visioni. Attraverso una piccola crepa nel muro i bambini erano entrati, e si erano seduti sui rami degli alberi. In ogni albero c'era un bambino.

Gli alberi erano così felici di avere di nuovo dei bambini vicini che si erano *di nuovo* ricoperti di fiori, ed agitavano dolcemente i loro rami sopra le loro testoline.

Gli uccelli volavano tutto intorno cinguettando allegramente ed i fiori, ridendo, guardavano in alto oltre l'erba verde, ed erano felici.

Era una scena bellissima. Soltanto in un angolo era ancora inverno, nell'angolo più lontano del giardino e lì, in piedi, c'era un bambino.

Quel bambino era così piccino che non era in grado di raggiungere i rami degli alberi, e così gli girava tutto intorno, piangendo disperato.

Il povero albero era ancora coperto di ghiaccio e neve, ed il Vento del Nord soffiava ancora sopra di lui.

«Sali su, piccolo! » disse l'albero, e piegò i suoi rami più in giù che poteva; ma il bambino era troppo piccolo *per arrivarci*.

Così, quando lo vide, il cuore del Gigante si sciolse. «Quanto sono stato egoista!» disse;

Il Gigante Egoista

a delicious perfume came to him through the open casement. What did he see? He saw a most wonderful sight. Through a little hole in the wall the children had crept in, and they were sitting in the branches of the trees. In every tree that he could see there was a little child.

And the trees were so glad to have the children back again that they had covered themselves with blossoms, and were waving their arms gently above the children's heads.

The birds were flying about and twittering with delight, and the flowers were looking up through the green grass and laughing.

It was a lovely scene, only in one corner it was still winter. It was the farthest corner of the garden, and in it was standing a little boy.

He was so small that he could not reach up to the branches of the tree, and he was wandering all round it, crying bitterly.

The poor tree was still quite covered with frost and snow, and the North Wind was blowing and roaring above it.

«Climb up! little boy, » said the Tree, and it bent its branches down as low as it could; but the boy was too tiny.

And the Giant's heart melted as he looked out. «How selfish I have been!» he said;

«adesso capisco perché la Primavera non veniva più qui.
Per prima cosa metterò quel bambino sopra l'albero, e dopo abbatterò le mura, così il mio giardino potrà essere il parco giochi dei bambini. Per sempre.»
Il Gigante era veramente dispiaciuto per come si era comportato.
Così scese giù, aprì gentilmente la porta d'ingresso, ed uscì fuori nel giardino.
Ma quando i bambini lo videro furono così spaventati che corsero subito via, e nel giardino tornò *subito* l'inverno.
Solo il piccolo *che era nell'angolo del giardino* non scappò via, perché i suoi occhi erano così pieni di lacrime che non vide il Gigante arrivare.
Allora Gigante arrivò dietro di lui, lo prese gentilmente nella sua mano, e lo mise sull'albero.
Così l'albero iniziò a fiorire, e gli uccelli vennero per cantare *sull'albero ora fiorito*. Il ragazzino, allora, allargò le sua braccia, le strinse attorno al collo del Gigante, e lo baciò.
Quando gli altri bambini videro che il gigante non era più cattivo, tornarono subito indietro correndo, e con loro arrivò la primavera.
«Bambini, questo adesso è il vostro giardino,» disse il Gigante e, così dicendo, prese una grande ascia e buttò giù le mura.

«now I know why the Spring would not come here.
I will put the poor little boy on the top of the tree, and then I will knock down the wall, and my garden shall be the children's playground for ever and ever.»
He was really very sorry for what he had done.

So he crept downstairs and opened the front door quite softly, and went out into the garden.
But when the children saw him they were so frightened that they all ran away, and the garden became winter again.
Only the little boy did not run, for his eyes were so full of tears that he did not see the Giant coming.

And the Giant stole up behind him and took him gently in his hand, and put him up into the tree.
And the tree broke at once into blossom, and the birds came and sang on it, and the little boy stretched out his two arms and flung them around the Giant's neck, and kissed him.
And the other children, when they saw that the Giant was not wicked any longer, came running back, and with them came the Spring.

«It is your garden now, little children,» said the Giant, and he took a great axe and knocked down the wall.

Quando le persone passarono per andare verso il mercato di mezzogiorno trovarono il Gigante che giocava con i bambini, nel più bel giardino che essi avessero mai visto. Giocavano tutto il giorno e, giunta la sera, andavano dal Gigante per salutarlo.

«Ma dov'è il vostro piccolo amico?» disse: lui «il bambino che io ho messo sull'albero.»
Il Gigante si era affezionato molto a lui, perché lui era quello che gli aveva dato un bacino.

«Non lo sappiamo,» risposero i bambini; «è andato via.»

«Dovete dirgli di non preoccuparsi e di venire qui domani,» disse il Gigante.
Ma i bambini gli dissero che non sapevano dove egli vivesse, *che* non l'avevano mai visto prima; e così il Gigante si sentì molto triste.
Ogni pomeriggio, finita la scuola, i bambini andavano a giocare con il Gigante.
Ma il bambino che il Gigante amava tanto non si vide mai più. Il Gigante era molto gentile con tutti i bambini, ma lui pensava ancora al suo piccolo amico e spesso parlava di lui.

«Oh quanto vorrei rivederlo!» spesso diceva.
Passarono gli anni, ed il Gigante divenne debole ed anziano. Non era più in grado di giocare, così si sedeva in una grande poltrona a guardare i bambini giocare, e ad ammirare il suo giardino.

Il Gigante Egoista

And when the people were going to market at twelve o'clock they found the Giant playing with the children in the most beautiful garden they had ever seen. All day long they played, and in the evening they came to the Giant to bid him goodbye.

«But where is your little companion? » he said: «the boy I put into the tree. »

The Giant loved him the best because he had kissed him.

«We don't know,» answered the children; «he has gone away. »

«You must tell him to be sure and come here tomorrow, » said the Giant.

But the children said that they did not know where he lived, and had never seen him before; and the Giant felt very sad.

Every afternoon, when school was over, the children came and played with the Giant.

But the little boy whom the Giant loved was never seen again. The Giant was very kind to all the children, yet he longed for his first little friend, and often spoke of him.

«How I would like to see him! » he used to say.

Years went over, and the Giant grew very old and feeble. He could not play about any more, so he sat in a huge armchair, and watched the children at their games, and admired his garden.

«Ho molti bellissimi fiori,» disse; «ma i bambini sono i fiori più belli.»

Una mattina d'Inverno, mentre si stava vestendo, guardò fuori dalla sua finestra. Adesso non odiava *più* l'inverno, perché sapeva che era semplicemente la primavera che stava dormendo, mentre i fiori stavano riposando.

All'improvviso si stropicciò gli occhi per lo stupore, guardò ancora ed ancora. Era certamente una vista meravigliosa: nell'angolo più lontano del giardino c'era un albero ricoperto di fiori.

I suoi rami erano dorati, da questi pendevano frutti d'argento, e sotto di questi c'era il bambino a cui era tanto affezionato.

Il Gigante, pieno di gioia, corse fuori e si precipitò, nel giardino.

Corse sull'erba ed arrivò vicino al bambino.

Ma quando gli fu vicino la faccia del Gigante divenne rossa di rabbia e disse *al piccolo*: «Chi ha osato farti del male?»

Sui palmi delle mani, *infatti,* il bambino aveva i segni di due chiodi e vi erano segni di chiodi anche sui suoi piedini.

«Chi ha osato farti del male?» urlò il Gigante; «dimmelo, così che io possa prendere la mia grande spada ed ucciderlo.»

«No!» rispose il bambino; «perché queste sono ferite d'Amore.»

«I have many beautiful flowers,» he said; «but the children are the most beautiful flowers of all.»

One winter morning he looked out of his window as he was dressing. He did not hate the Winter now, for he knew that it was merely the Spring asleep, and that the flowers were resting.

Suddenly he rubbed his eyes in wonder, and looked and looked. It certainly, was a marvellous sight. In the farthest corner of the garden was a tree quite covered with lovely white blossoms.

Its branches were all golden, and silver fruit hung down from them, and underneath it stood the little boy he had loved.

Downstairs ran the Giant in great joy, and out into the garden.

He hastened across the grass, and came near to the child. And when he came quite close his face grew red with anger, and he said, «Who hath dared to wound thee?»

For on the palms of the child's hands were the prints of two nails, and the prints of two nails were on the little feet.

«Who hath dared to wound thee?» cried the Giant; «tell me, that I may take my big sword and slay him.»

«Nay!» answered the child; «but these are the wounds of Love.»

Il Gigante lo guardò; uno strano timore cadde su di lui e disse:

«Chi sei tu?» e si inginocchiò di fronte al bambino.

Allora il bambino sorrise al gigante e rispose:

«Una volta tu mi hai lasciato giocare nel tuo giardino, oggi tu potrai venire con me nel mio giardino, che è il Paradiso.»

Quando i bambini corsero da lui quel pomeriggio, trovarono il Gigante morto sotto l'albero, tutto coperto di bianchi boccioli.

«Who art thou?» said the Giant, and a strange awe fell on him, and he knelt before the little child.

And the child smiled on the Giant, and said to him,
«You let me play once in your garden, today you shall come with me to my garden, which is Paradise.»

And when the children ran in that afternoon, they found the Giant lying dead under the tree, all covered with white blossoms.

Cronologia
Vita e opere di Oscar Wilde

Anno	Avvenimento
1854	Il 16 ottobre nasce a Dublino Oscar Fingal O'Flahertie Wills Wilde dal medico oftalmologo Sir William Wilde (1815-1876) e dalla scrittrice Lady Jane Francesca Eglee (1821-1896). È secondo di tre figli. Nasce dopo William Robert Kingsbury Wills (1852-1899) e tre anni prima di Isola Francesca Emily (1857-1862). Oscar Wilde aveva anche altri tre fratellastri, tutti e tre nati, prima di lui, da una precedente relazione del padre: Henry Wilson (1838-1877), Emily Wilde (1847-1871) e Mary Wilde (1849-1871).
1857	Nasce la sorella minore Isola Francesca Emily.
1862	A soli cinque anni muore la sorella minore, Isola Francesca Emily. Oscar ha soltanto 12 anni.
1963	Wilde fu educato dalla madre fino ai 9 anni. iniziò quindi a frequentare, come il fratello William, il Royal School di Enniskillen, una scuola molto esclusiva che accoglieva esclusivamente studenti maschi.
1867	A soli 9 anni muore la sorella di Oscar, Isola Francesca Emily. Il piccolo Oscar aveva meno di 13 anni.
1871	Frequenta il Trinity College di Dublino, l'università più antica d'Irlanda. Conclude i suoi studi qui nel 1874. Nel 1874, per la sua bravura negli studi classici greci, vinse una borsa di studio per

	proseguire i suoi studi al Magdalen College di Oxford.
	In un incendio muoiono le sorellastre Emily e Mary Wilde.
1874	Inizia i suoi studi al Magdalen College di Oxford.
1876	Muore il padre.
1877	Si reca in Italia.
	Muore il fratellastro Henry Wilson.
1878	Si reca in Italia, dove scrive la poesia *Ravenna*, pubblicata nel 1878.
1880	Scrive l'opera teatrale *Vera o i nichilisti*.
1881	Scrive la raccolta di poesie *Poemi*.
	Incontra Constance Mary Lloyd (1859-1898) figlia di amici di famiglia che, nel 1884, diventerà sua moglie.
	Nel dicembre 1881 si imbarca sulla nave Arizona verso gli Stati Uniti.
1882	Il 2 gennaio arriva a New York.
1883	Scrive l'opera teatrale La duchessa di Padova.
1884	Sposa Constance Mary Lloyd.
1885	Nasce Cyril, il suo primo figlio. In seguito agli scandali e all'incarcerazione dello scrittore sua madre, per tutelarlo, sceglierà di cambiare il suo nome in Cyril Hollande (usando un cognome patronale della madre).
1887	Nasce Vyvyan, suo secondogenito. Anche lui,

	come il fratello, cambierà il suo cognome in Hollande.
	Viene pubblicato *Il fantasma di Canterville* (*The Canterville Ghost*).
1888	Scrive la raccolta *Il Principe Felice e altri racconti*, una raccolta composta da cinque racconti: *Il principe felice* (*The Happy Prince*), *L'usignolo e la rosa* (*The Nighingale and the Rose*), *Il gigante egoista* (*The Selfish Giant*), *L'amico devoto* (*The Devoted Friend*), *Il razzo eccezionale* (*The Remarkable Rocket*).
1889	Scrive l'opera *Il ritratto di Mr W.H.*
1890	Scrive Il ritratto di Dorian Gray, pubblicato sul Lippincott's Monthly Magazine.
1891	Viene pubblicata la raccolta di racconti *La casa dei melograni*. L'opera è composta da: quattro racconti *Il giovane re* (*The Young King*), *Il compleanno dell'infanta* (*The Birthday of the Infanta*), *Il pescatore e la sua anima* (*The Fisherman and his Soul*), *Il figlio delle stelle* (*The Star Child*).
	Si reca a Parigi, dove incontra Lord Alfred Douglas, detto Bosie, con il quale iniziò una relazione.
	Scrive *Il delitto di Lord Arthur Savile e altri racconti*.
	Scrive *Intenzioni*.
	Scrive *L'anima dell'uomo sotto il socialismo*.
	Scrive, in francese, la tanto criticata opera teatrale *Salomè*.

1892	Scrive l'opera teatrale *Il ventaglio di Lady Windermere*.
1893	Viene pubblicato, in francese, lo script di *Salomè*.
	Nello stesso anno scrive l'opera teatrale *Una donna senza importanza*.
1894	Scrive la poesia *La sfinge*.
	Scrive la raccolta di poesie *Poesie in prosa*.
1895	Scrive l'opera teatrale *Un marito ideale*.
	Scrive la commedia teatrale *L'importanza di chiamarsi Ernesto* (*The Importance of Being Earnest*). In italiano il gioco di parole presente nel titolo è stato più volte modificato variandolo, per esempio, in "*L'Importanza di essere onesto*" o "*L'importanza di essere Franco*".
	Viene incarcerato per "*gross indecency with male persons*" e tradotto al carcere di Holloway.
1896	Viene trasferito al carcere di Reading.
	*Salomè v*iene rappresentata al *Théâtre de l'Œuvre* di Parigi.
	A 75 anni muore la madre, Lady Jane Francesca Eglee.
1897	Scrive il *De profundis*, una lunga lettera indirizzata al suo amico-amante Lord Alfred Douglas.
	Il 19 maggio 1897 finisce di scontare la condanna, dunque esce dal carcere.
1898	Scrive la poesia La ballata del carcere di Reading (*The Ballad of Reading Gaol*).

1899	A Genova, a soli 39 anni, muore sua moglie Constance Lloyd (1859-1898).
	Lo stesso anno muore anche il fratello maggiore, William Robert Kingsbury Wills.
1900	A Parigi, il 30 novembre del 1900, muore, a soli 46 anni, Oscar Wilde. In un primo momento sepolto nel cimitero di Bagneux, dal 1909 il suo corpo fu trasferito nel luogo dove da allora riposano le sue spoglie: il cimitero *Père Lachaise* di Parigi.

Il Principe Felice

Edizione integrale, con note e testo originale a fronte. Disponibile sia stampato che in ebook su Amazon.

~~5,99~~ 4,15

Il Razzo Eccezionale

Edizione integrale, con note e testo originale a fronte. Disponibile sia stampato che in ebook su Amazon.

~~5,99~~ 4,98

L'Usignolo e la Rosa
Edizione integrale, con note e testo originale a fronte. Disponibile sia stampato che in ebook su Amazon.

~~5,99~~ 4,59

L'Amico devoto

Edizione integrale, con note e testo originale a fronte. Disponibile sia stampato che in ebook su Amazon.

~~5,99~~   4,97

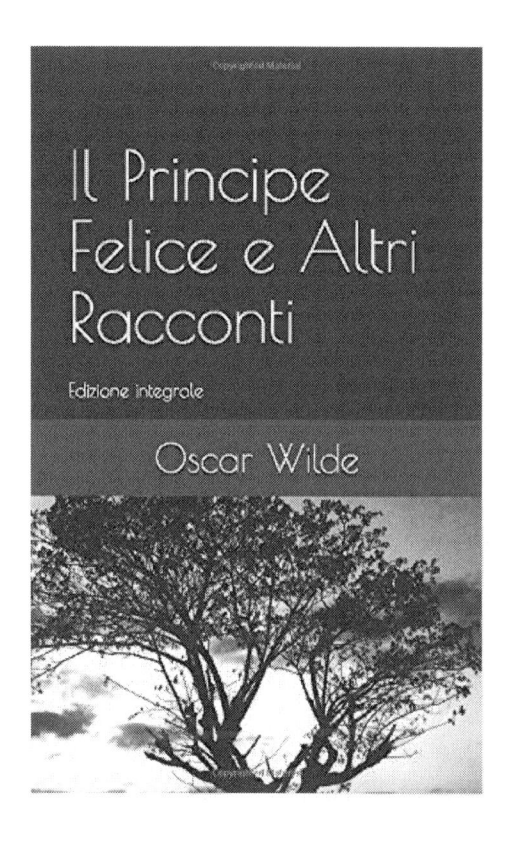

Il Principe Felice e altri racconti
Edizione integrale, con note e testo originale a fronte.
Contiene i racconti: *Il Principe Felice, L'Usignolo e la Rosa, Il Gigante Egoista, L'Amico devoto* e *Il Razzo Eccezionale*.
Disponibile sia stampato che in ebook su Amazon.

~~14,99~~   12,99

I libri della collana *Il Sapere*

1. *Il Principe felice*. O. Wilde. Edizione integrale. Con note esplicative e testo originale a fronte.

2. *L'usignolo e la rosa*. O. Wilde. Edizione integrale. Con note esplicative e testo originale a fronte.

3. *Il gigante egoista*. O. Wilde. Edizione integrale. Con note esplicative e testo originale a fronte.

4. *L'amico devoto*. O. Wilde. Edizione integrale. Con note esplicative e testo originale a fronte.

5. *Il razzo eccezionale*. O. Wilde. Edizione integrale. Con note esplicative e testo originale a fronte.

6. *Il principe felice e altri racconti*. O. Wilde. Edizione integrale. Con note.

7. *Amleto*. W. Shakespeare. Edizione integrale. Con note.

8. *Amleto*. Edizione integrale. Con note esplicative e testo originale a fronte.

9. *Il giovane re*. O. Wilde. Edizione integrale. Con note esplicative e testo originale a fronte.

10. *Il compleanno dell'infanta*. O. Wilde. Edizione integrale. Con note esplicative e testo originale a fronte.

11. *Il pescatore e la sua anima*. O. Wilde. Edizione integrale. Con note esplicative e testo originale a fronte.

12. *Il figlio e le stelle*. O. Wilde. Edizione integrale. Con note esplicative e testo originale a fronte.

13. *La casa dei melograni*. O. Wilde. Edizione integrale. Con note esplicative e testo originale a fronte.

16. *Il fantasma di Canterville*. O. Wilde. Edizione integrale. Con note.

17. *Il fantasma di Canterville*. O. Wilde. Edizione integrale. Con note esplicative e testo originale a fronte.

18. *La casa dei melograni*. O. Wilde. Edizione integrale. Con note esplicative e testo originale a fronte.

19. *Il principe felice e altri racconti*. O. Wilde. Edizione integrale. Con note esplicative e testo originale a fronte.

20. *La visita meravigliosa*. H.G.Wells. Edizione integrale. Con note.

21. *I Racconti di Oscar Wilde*. Contiene le raccolte "Il Principe Felice e altri Racconti" e "La Casa dei Melograni". O. Wilde. Edizione integrale. Con note.

22. Il Problema finale. Arthur Conan Doyle. Edizione integrale. Con note esplicative e testo originale a fronte.

23. *L'impero delle formiche*. H.G.Wells. Edizione integrale. Con testo originale a fronte.

24. *L'avventura della casa vuota*. Arthur Conan Doyle. Edizione integrale. Con note e testo originale a fronte.

24. *Sherlock Holmes. Lo scontro con il Professor Moriarty*. Arthur Conan Doyle. Edizione integrale. Con note.

25. *Il Delitto di Lord Arthur Savile.* O. Wilde. Edizione integrale. Con note esplicative e testo originale a fronte.

26. *Il Delitto di Lord Arthur Savile.* O. Wilde. Edizione integrale. Con note.

27. *La Sfinge senza segreti.* O. Wilde. Edizione integrale. Con note esplicative e testo originale a fronte.

28. *Il Milionario Modello.* O. Wilde. Edizione integrale. Con note esplicative e testo originale a fronte.

29. *Il bacillo rubato.* H.G.Wells. Edizione integrale. Con note esplicative e testo originale a fronte.

30. *I trionfi di un tassidermista.* H.G.Wells. Edizione integrale. Con note esplicative e testo originale a fronte.

31. *I migliori racconti di H.G. Wells.* H.G.Wells. Edizione integrale. Con note esplicative e testo originale a fronte.

32. *L'uomo volante.* H.G.Wells. Edizione integrale. Con note esplicative e testo originale a fronte.

33. *Il ritratto ovale.* E.A. Poe. Edizione integrale. Con note esplicative e testo originale a fronte.

34. *Il corvo.* E.A. Poe. Edizione integrale. Con note esplicative e testo originale a fronte.

35. *La caverna segreta.* H.P. Lovecraft. Edizione integrale. Con testo originale a fronte.

36. *La storia del fu signor Elvesham.* H.G. Wells. Edizione integrale. Con testo originale a fronte.

37. *Uno scandalo in Boemia.* Arthur Conan Doyle. Edizione integrale. Con note esplicative e testo originale a fronte.

38. *Cannibalismo in treno.* Mark Twain. Edizione integrale. Con note esplicative e testo originale a fronte.

39. *Il creatore di diamanti.* H.G. Wells. Edizione integrale. Con note esplicative e testo originale a fronte.

Tutti i libri della collana Il Sapere sono disponibili su www.amazon.it e nelle migliori librerie.